PRÉFACE

Teddy Anderson a grandi au sein d'une famille baha'ie, le multiculturalisme définissant ses origines et son éducatio 1980, son père puis ses grands-parents ont été adoptés par les Tlingits du Yukon, au Canada. Après le déménageme l'Afrique au Canada, il a étudié à la Maxwell International School, sur l'île de Vancouver. C'est au cours de visites estivales à son grand-père qu'il s'est rendu compte qu'il voulait apprendre la danse des cerceaux, tout spécialement après m'avoir vu la danser lors du potlatch et de la cérémonie en l'honneur de sa grand-mère. C'est à ce moment qu'il a réellement entendu l'appel de la danse des cerceaux. Il a été invité à assister aux représentations de la Red Deer Aboriginal Dance Troupe, puis a commencé à prendre part à nos cérémonies sacrées. Nous ne nous sommes jamais demandé si Teddy pouvait apprendre cette danse propre à notre culture même s'il n'était pas autochtone. Il a été invité à apprendre cette danse simplement parce qu'il AIMAIT la danse des cerceaux et que L'AMOUR est aveugle à la couleur de la peau.

Le cœur et les intentions de Teddy étaient purs. Il s'est présenté à moi avec son père, apportant un cadeau de circonstances et du tabac. Leurs cadeaux ont été acceptés et la formation de Teddy a commencé. Par la suite, il a rapidement commencé à composer son propre costume. Après plusieurs leçons, il a pu exécuter la danse des cerceaux et a été initié au premier pow-wow traditionnel de Red Deer. Teddy a eu la chance d'apprendre l'art de la danse des cerceaux avec le meilleur danseur de l'Amérique, Kevin Locke, qui lui a aussi transmis bon nombre d'apprentissages et de mouvements tirés de sa version de la danse des cerceaux traditionnelle.

À l'âge de 15 ans, Teddy faisait pratiquement partie de ma propre cellule familiale, et nous l'avons rapidement considéré comme un membre de ma famille élargie. Tout juste avant de faire de la danse des cerceaux sa principale occupation, Teddy est revenu s'installer à Red Deer, où il a commencé à travailler pour la société amicale Red Deer Native Friendship Society à titre de coordinateur des activités de la jeunesse, et à apprendre la danse des cerceaux aux membres de la communauté.

Il a rendu d'inestimables services aux jeunes, aux enfants et aux communautés, et continue d'aider les enfants autochtones et non autochtones à apprendre notre danse sacrée. Il redonne à sa communauté en partageant sa façon de voir la danse et en tissant des liens entre les cultures. Teddy a fait le tour du monde pour apprendre cette danse à des milliers d'enfants, là où elle n'avait encore jamais été vue. Il compte véhiculer la notion d'unité de l'humanité par la danse des cerceaux et diffuser le message de paix et de solidarité commun à toutes les Nations. Notre famille est fière des réalisations et des voyages de Teddy. Toute école du monde qui peut accueillir cet artiste aura beaucoup de chance. J'espère que vous aimerez ce livre et que vous accueillerez Teddy au sein de votre communauté. Le voir danser est une expérience véritablement unique et des plus inspirantes. J'espère que chacun de vous aura la chance de vivre une telle expérience.

Miigwech (merci en Ojibwé),
Scott Eagledog Ward

APPROUVÉ PAR L'AÎNÉ :
Matowaykanchantewashte – Dewayne Ward
(Esprit de l'ours sacré et bon cœur)

La Roue Médicinale : la Danse des Cerceaux Racontée

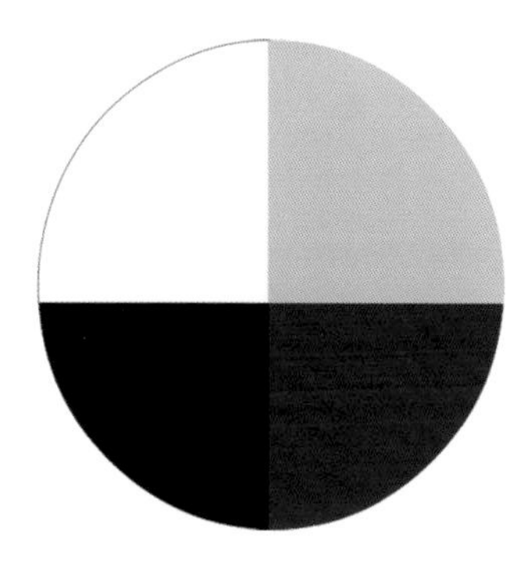

Auteur: **Teddy Anderson**
Illustratrice: **Jessika von Innerebner**

Un jeune garçon, assis aux côtés de son Mooshum (son grand-père), pose une question très importante : "Mooshum, quelle est cette roue à ton cou?"

"C'est la roue médicinale", lui répond son Mooshum. "Qu'est-ce que c'est, la roue médicinale?", demande le garçon.

"Va chercher les autres si tu veux bien, et je vous raconterai une histoire."

"D'accord, Mooshum", lui répond le garçon.

Le garçon enfourche son cheval. Il chevauche le monde entier et ramène avec lui ses amis. Comme il a très hâte d'entendre l'histoire de son Mooshum, il galope aussi vite que possible.

Le jeune garçon et ses amis
ont tôt fait de revenir là où
le Mooshum les attend.

"Je vais vous raconter une histoire qui a eu lieu avant que le monde ne fasse qu'un, avant la fin de la guerre et avant la fin de la haine", explique le Mooshum.

"Voici la roue médicinale. Bien des peuples des Premières
Nations d'Amérique du Nord se basent sur ce symbole pour vivre en harmonie.
Voyez-vous comme les quatre couleurs s'unissent comme
si elles n'en formaient plus qu'une?"

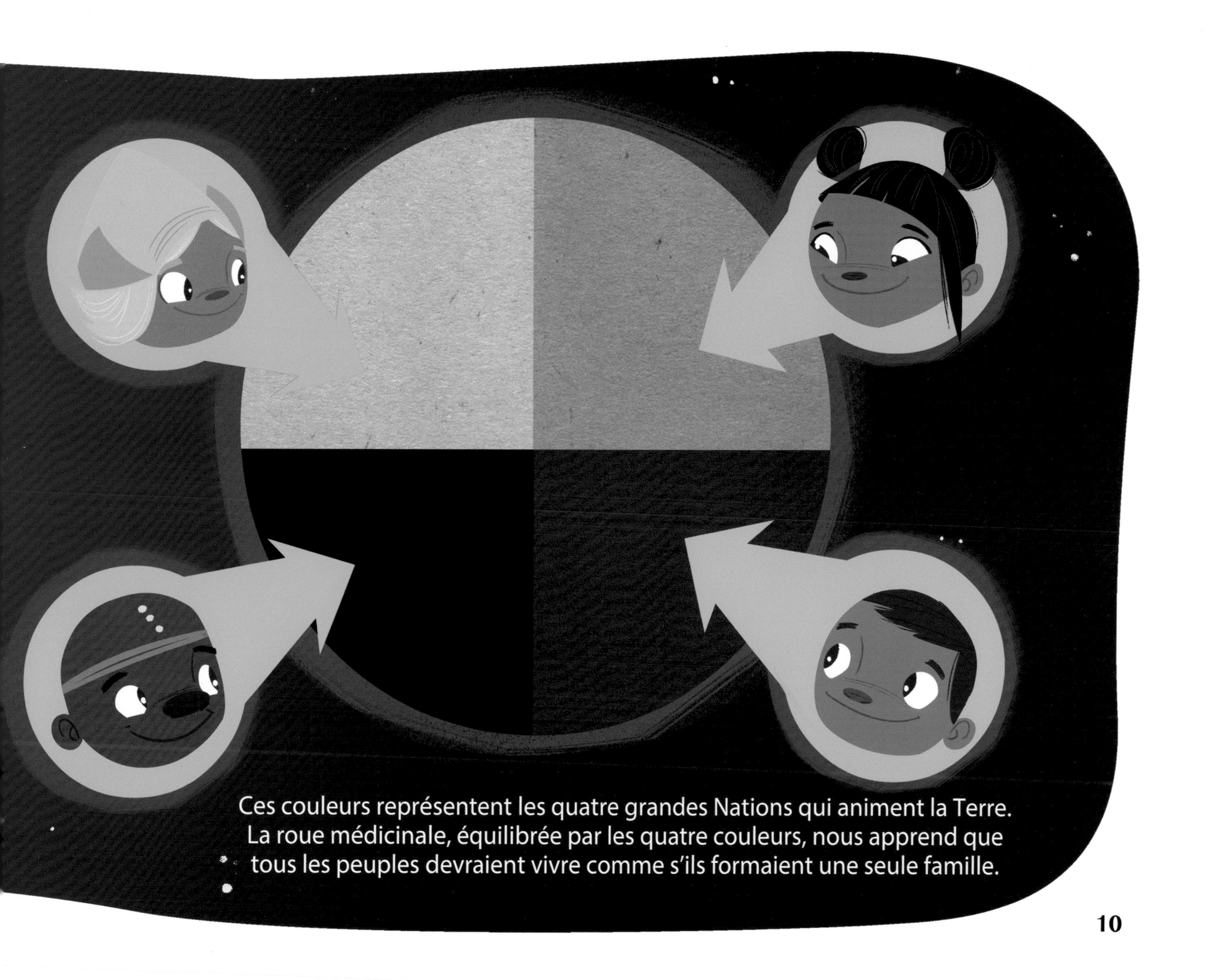

Ces couleurs représentent les quatre grandes Nations qui animent la Terre. La roue médicinale, équilibrée par les quatre couleurs, nous apprend que tous les peuples devraient vivre comme s'ils formaient une seule famille.

"Un jour vint un danseur de cerceaux qui percevait ainsi la roue médicinale. Il utilisa les enseignements de la roue médicinale pour unir les peuples et les nations du monde."

“Le danseur de cerceaux nous a appris qu’il n’y a pas de noirceur en nous. Comme le soleil qui brille toujours, nous devons voir la lumière et la bonté en chaque personne.”

Le danseur de cerceaux nous a appris à
nous aider les uns les autres.
Il nous a appris à suivre le chemin de l'amour et de l'amitié.

"Il nous a appris qu'à la fin de la piste, nous vivrons ensemble comme une seule famille."

"Le danseur de cerceaux nous a appris à connaître nos racines. Il nous a appris à ne pas oublier qui nous sommes, ni d'où nous venons."

"Lorsque nous y arrivons, nous grandissons comme des arbres, hauts et fiers. Lorsque nous y arrivons, nous nous élevons sur notre mère la Terre comme une majestueuse forêt."

“Le danseur de cerceaux nous a enseigné à apprendre de nos aînés aussi bien que de nos professeurs et de nos amis.”

"Lorsque nous utilisons ces connaissances pour aider les autres, nous nous épanouissons aussi joliment que des fleurs."

Le danseur de cerceaux nous a appris qu'à la fin de notre voyage, quel que soit l'endroit d'où nous venons, nous appartenons tous à l'unique famille humaine.

"Les couleurs de la roue médicinale s'unissent comme si elles ne faisaient qu'une. Spirituellement, nous voyons tous les habitants de la Terre comme nos frères et nos sœurs."

"Les populations de la Terre sont
comme les couleurs de la roue médicinale."

"S'il en manque une,
l'équilibre est rompu."

"Le danseur de cerceaux nous a appris
que tout nous est possible
si nous travaillons ensemble."

"Ensemble, nous pouvons bâtir
un monde magnifique, où tous sont égaux."

"Le danseur de cerceaux était
une personne merveilleuse,
qui aimait tous les habitants du monde."

“Son histoire, il la raconte avait ses cerceaux et un cœur plein d’espoir.”

"Mooshum, qui est le danseur de cerceaux?",
demande le garçon.

"Le danseur de cerceaux, c'est chaque enfant
grandit en voulant changer le monde,
porter en son cœur les enseignements
de la roue médicinale,
et faire de la planète un monde meilleur."

“C’est chaque petit garçon et chaque
petite fille de chaque pays qui décide que l’avenir
se définira par l’unité, l’amour et la lumière.”

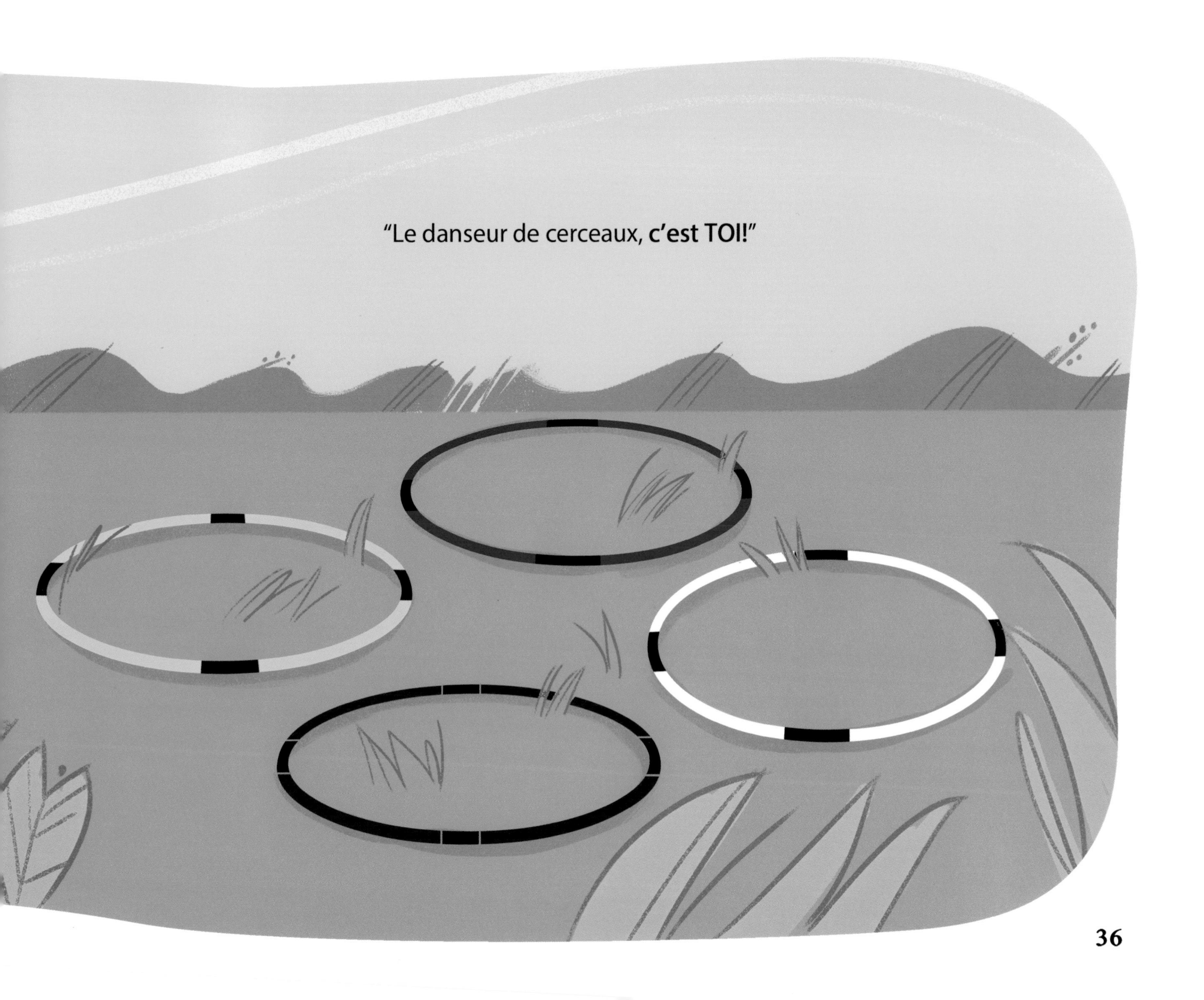

"Le danseur de cerceaux, **c'est TOI!**"

À PROPOS DE L'AUTEUR:

Teddy Anderson est un danseur de cerceaux de renommée mondiale qui s'est produit à des milliers d'endroits de par le monde. Il a porté avec lui son inspirant message d'amour et d'harmonie dans plus de 20 pays, encourageant les enfants et les jeunes de partout à se voir comme faisant partie d'une seule famille humaine.

À 15 ans, son professeur et ami, Scott Ward, l'a spirituellement accueilli dans la famille Ojibwé. De lui, il a reçu la permission spéciale d'apprendre la danse des cerceaux et de diffuser son message auprès des peuples du monde. Teddy compte des origines anglaises, norvégiennes et perses, et il a grandi en Afrique et au Canada. Ses riches expériences culturelles et sa passion pour les arts font de lui une personne exceptionnelle, tout indiquée pour diffuser un message d'unité et d'inclusion.

Il détient un baccalauréat en éducation des enfants et des jeunes et a travaillé pour divers organismes autochtones de l'ouest du Canada. Il offre des prestations éducatives, des ateliers et des programmes de résidence à temps plein. Entre deux tournées de spectacles, vous le trouverez en compagnie de sa famille, en train de faire de la randonnée ou de pêcher, ou de faire du bénévolat dans sa communauté.

ENSEIGNEMENTS:

La roue médicinale est un prisme qui permet aux élèves et aux enseignants de voir et d'apprécier les traditions des peuples des Premières Nations. Les histoires à son sujet varient selon le conteur, mais toutes se partagent les concepts d'unité, de coopération et d'équilibre. Les quatre couleurs représentent quatre grandes tribus de la Terre. Par-dessus tout, la roue illustre la nécessité pour tous les peuples et toutes les nations de travailler ensemble, comme une seule famille humaine.

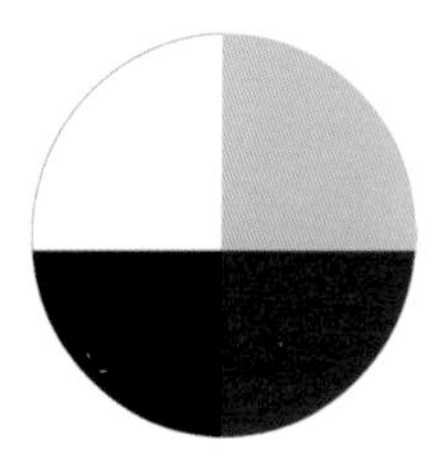

RESSOURCES EN LIGNE:

Des outils didactiques sont offerts à l'adresse www.teddyanderson.com.

À PROPOS DE L'ILLUSTRATICE:

Si l'on en croit la rumeur, Jessica von Innerebner est née un crayon à la main. Illustratrice passionnée des couleurs et de la comédie, elle peut se sortir de pratiquement toute situation grâce à ses dessins! Ce qu'elle aime par-dessus tout, c'est de contribuer aux projets destinés aux enfants par des illustrations stimulantes. Elle a commencé sa carrière à l'âge de 17 ans et a collaboré à divers projets créatifs et hauts en couleur pour Disney, Pixar, Atomic Cartoons et Fisher Price. Dans ses temps libres, elle aime pratiquer la planche de parc et le yoga, voyager dans des pays lointains et partager des moments d'hilarité avec ses amis – parfois à leurs dépens!